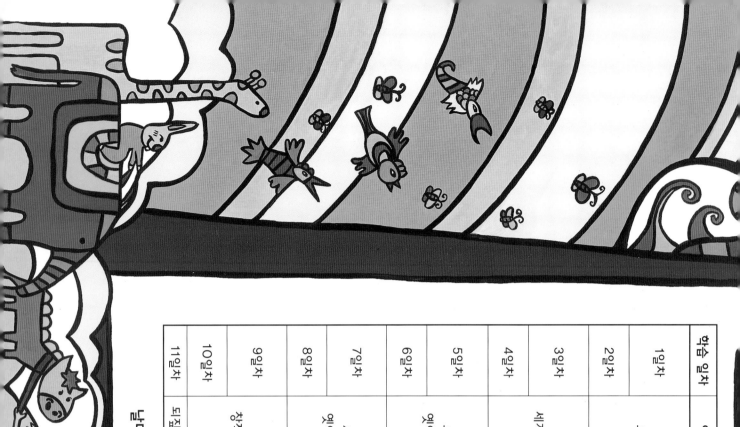

날마다 공부하고 붙임 딱지를 붙이세요.

1단계 2 이야기글 학습 지도표

1일차
2일차
3일차
4일차
5일차
6일차
7일차
8일차
9일차
10일차
11일차

똑똑한 유아독해

1단계

2 이야기글

- 우화, 세계 명작, 우리 옛이야기, 세계 옛이야기, 창작 동화를 읽습니다.

- 이야기글의 주인공과 중심 사건을 파악하는 독해 훈련을 합니다.

- 주인공과 중심 사건을 파악하면 이야기의 중심 내용을 알 수 있습니다.

내 이름 :

웅진주니어

독해력은 사고력과 학습 능력의 핵심

독해력이란 무엇일까요?

독해는 단순히 글자를 읽는 것이 아닙니다. 글을 읽으면서 글에 담긴 뜻과 맥락적 의미를 이해하는 것입니다. 독해력이란 글의 의미를 빠르고 정확하게 파악하는 능력으로, 독해력을 키우면 책을 읽는 속도뿐만 아니라 다방면의 학습 능력이 향상됩니다. 그런데 독해력은 책을 무조건 많이 읽는 것보다, 글을 제대로 읽고 이해하는 훈련을 통해 길러집니다.

왜 유아에게 독해력이 중요할까요?

하나, 어릴 때부터 책을 즐겨 읽게 됩니다.

책을 읽으면서 기쁨과 슬픔을 느끼고 감동을 얻으려면 단순히 글자를 읽는 것이 아니라 글자와 문장에 담긴 뜻을 정확히 파악할 수 있어야 합니다. 즉, 독해력이 밑받침되지 않으면 책을 읽는 것 자체가 매우 지루하고 고통스런 행위가 될 수밖에 없습니다. 이렇게 책 읽는 즐거움을 느끼지 못하는 아이는 점점 책을 멀리하고, 그에 따라 독해력은 더 떨어지는 악순환이 거듭됩니다.

둘, 낱말에 대한 흥미를 키워 어휘력이 발달합니다.

글을 읽고 내용을 이해하는 과정에서 한 낱말의 다양한 쓰임새와 여러 낱말들 간의 상관관계를 자연스럽게 익히므로 어휘력이 향상됩니다. 낱말에 대한 새로운 발견은 곧 낱말로 이루어진 글에 흥미를 불러일으키며, 어렵고 낯선 낱말과 문장에 도전할 수 있는 자신감을 키워 줍니다. 이렇게 낱말에 대한 흥미와 자신감을 가진 아이는 독서에 많은 관심을 보이며 발표력도 좋아집니다.

셋, 사고력을 길러 주고 의사소통 능력을 향상시킵니다.

눈으로는 글과 그림을 보고, 입으로는 크게 소리 내어 읽고, 귀로는 그 소리를 들으면서 아이는 머릿속으로 글의 내용을 파악하게 됩니다. 이러한 종합적인 자극과 사고 활동은 대뇌와 연결되어 사고력을 향상시키며, 다양한 의사소통 능력을 길러 줍니다.

넷, 독해력은 공부하는 능력의 핵심입니다.

모든 공부는 읽기에서 시작됩니다. 수학이나 과학도 지식의 내용을 정확히 이해하지 못하면 문제를 제대로 해결할 수 없습니다. 독해력은 공부하는 능력의 핵심이기 때문입니다. 따라서 독해력이 부족한 아이는 공부하는 능력과 학업 성취도가 떨어질 수밖에 없습니다.

이 책은 무엇이 좋을까요?

● **유아의 독해력 기초를 잡아 주는 길잡이가 됩니다.**

- 유아가 일상생활 속에서 글을 접하는 환경(광고지, 포스터, 이야기책, 지식책 등)을 고려하여 글을 선정했습니다.

- 성격이 비슷한 글(생활글, 이야기글, 지식글)끼리 묶어 구성했습니다.

- 글에 알맞은 읽기 전략을 통해 올바른 독해 방법을 훈련합니다.

- 독해 단계에 맞추어 체계적으로 학습할 수 있습니다.

제시문을 읽기 전	• 낭독하기를 통해 독해 학습을 준비합니다. • 그림을 보면서 글 내용에 대해 상상하고 배경지식을 끄집어내어 사고를 활성화시킵니다.

↓

제시문을 읽는 동안	• 눈으로 보고, 입으로 크게 소리 내어 읽고, 귀로 들으면서 글 내용에 집중합니다.

↓

제시문을 읽은 뒤	• 읽기 전략에 따른 독해 활동을 통해 제시문의 내용을 파악합니다. • 글을 반복해 읽으면서 자연스럽게 글 내용을 기억합니다.

- 학습을 모두 끝내면 평가를 통해 아이의 학습 성취도를 곧바로 확인할 수 있습니다.

● **다양한 글에 흥미를 갖게 되어 폭넓은 독서의 기틀이 마련됩니다.**

- 아이가 평소에 흔히 접하는 글에 관심을 갖게 합니다.

- 주위 사람들과 대화할 수 있는 이야깃거리를 제공하여 의사소통의 길잡이가 됩니다.

- 다양한 소재의 글을 통해 주변 사물과 현상에 대해 호기심을 갖게 합니다.

● **유아의 개인차를 고려하여 수준별 학습을 할 수 있습니다.**

- 총 3단계 학습 과정을 아이의 수준에 따라 자율적으로 조절할 수 있습니다.

- 초등학교 1학년 교과 과정과 연계된 교재로, 학교 입학 후 빨리 적응할 수 있습니다.

김용한

서울초등국어과교육연구회 회장 역임

(전)서울 신서초등학교 교장

한국글짓기지도회 회장 역임

5, 6차 국어과 교육 과정 심의 위원, 교과서 및 교사용 지도서 집필

7차 국어과 교과서 연구 위원

7차 개정 국어 교과서 심의 위원

이 책의 구성, 꼼꼼 들여다보기

 낭독하기

전래 동요와 시, 산문에서 가려 뽑은 글을 크게 소리 내어 여러 번 읽습니다. 1단계에서는 놀이할 때 부르는 전래 동요와 고양이나 강아지처럼 아이들에게 친숙한 소재의 글을 실었습니다. 학습을 시작할 때는 항상 낭독하기 활동부터 하도록 이끌어 주시고, 활동을 끝낸 뒤에는 아이와 함께 붙임 딱지를 붙이면서 많이 칭찬하고 격려해 주세요.

● **또박또박 읽기**

전래 동요를 큰 소리로 또박또박 읽도록 해 주세요.

● **바르게 읽기**

발음에 주의하면서 글을 정확하게 읽도록 해 주세요. 특히 예시로 제시된 발음은 조금 더 주의해서 읽게 해 주세요.

● **느낌 살려 읽기1**

모양과 소리를 흉내 내는 말의 느낌을 충분히 살리며 읽도록 해 주세요.

● **느낌 살려 읽기2**

누군가와 이야기를 나누듯 자연스럽게 읽도록 해 주세요.

 들어가기

영역별로 어떤 등장인물이 나오는지 한눈에 살펴볼 수 있습니다. 1단계는 우화, 세계 명작, 우리 옛이야기, 세계 옛이야기, 창작 동화로 이루어졌습니다. 각 영역의 등장인물을 살펴보면서 어떤 이야기가 나올지 아이와 함께 자유롭게 대화를 나누며 재미와 호기심을 느낄 수 있도록 이끌어 주세요.

1단계에서는 영역별로 8개의 제시문이 나오며, 하나의 제시문을 읽고 1~2개의 독해(글을 읽고 내용 파악하기) 문제를 풀어 봅니다. 모든 활동이 끝난 뒤에는 아이와 함께 '참 잘했어요!' 붙임 딱지를 붙이면서 많이 칭찬해 주세요.

제목

이야기의 제목을 나타 냅니다.

제시문

1단계 제시문은 독해를 처음 해 보는 아이들이 쉽게 읽을 수 있도록 한 문장의 길이를 짧게 하고, 글도 6줄 안팎으로 구성했습니다. 제시문을 읽기 전에 그림을 보면서 제시문의 내용을 상상해 본 뒤, 소리 내어 읽도록 합니다.

독해 활동

독해력을 기르려면 글을 제대로 읽는 방법을 반복해서 훈련해야 합니다. 이야기글의 독해에서는 등장인물은 누구인지, 어떤 사건이 생겼는지, 배경은 어디인지를 파악하는 것이 중요합니다. 1단계는 독해의 기초 단계이므로 등장인물 중에서도 주인공을 알고, 중심 사건을 파악하는 문제를 통해 독해하는 방법을 훈련합니다.

되짚어 보기

5개의 영역별로 1개씩의 제시문을 읽고, 독해 문제를 풀어 보면서 앞에서 학습한 독해 능력을 스스로 평가합니다.

큰 소리로 또박또박 전래 동요를 읽어 보세요.

두껍아 두껍아

전래 동요

두껍아 두껍아,
흙집 지어라.
헌 집은 무너지고
새 집은 튼튼하고.
토끼가 살아도 따안딴
굼벵이가 살아도 따안딴.

고양이는 나만 따라 해

권윤덕

고양이는 나만 따라 해.
내가 신문지 밑에 숨어도
문 뒤에 숨어도 따라 해.
책상 밑에 숨어도
옷장 속에 숨어도 나만 따라 해.

※ 바르게 읽기
밑에 [미테]
숨어도 [수머도]

강아지

문삼석

달랑달랑
꼬리치며
졸랑졸랑
따라오고

졸랑졸랑
따라오다
발랑발랑
재주넘고

강아지

신기한 의자

이미애

"내가 신기한 의자를 만들어 주마."
"신기한 의자요?"
"쉿! 아무에게도 말하면 안 된다.
할아버지가 신기한 의자를 만든다는걸."
할아버지는 약속하자며
내게 손가락까지 꼭꼭 걸었어요.

우화

동물이나 식물 등을 주인공으로 삼아
우리에게 가르침을 주는 이야기예요.

참 잘했어요!

개미에게
던져 주자.

고양이다!

당나귀야,
어서 장에 가자.

당나귀를 골탕 먹일
방법이 없을까?

우리 달리기
시합할래?

개미와 비둘기

참 잘했어요!

개미가 물을 마시려다
그만 연못에 빠졌어요.
"살려 주세요! 살려 주세요!"
비둘기는 재빨리
나뭇잎을 던져 주었어요.
개미는 나뭇잎에
올라탔어요.

1 개미는 어디에 빠졌나요? 알맞은 것에 ◯ 하세요.

우물

연못

2 비둘기는 개미에게 무엇을 던져 주었나요? 알맞은 것을 골라 색칠하세요.

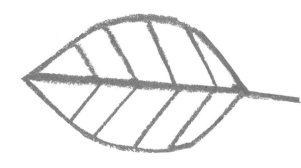
나뭇잎

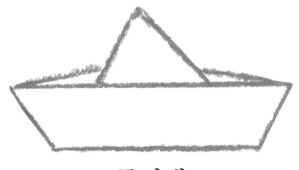
종이배

은혜 갚은 생쥐

참 잘했어요!

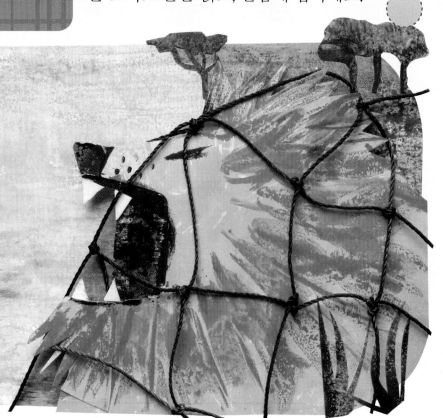

사자가 그물에 걸렸어요.
"사자 살려!"
이 소리를 듣고
생쥐가 달려왔어요.
생쥐는 그물을 물어뜯어
사자를 구해 주었어요.

1 누가 사자를 구해 주었나요? 알맞은 동물에 ◯ 하세요.

생쥐

원숭이

2 사자는 무엇에 걸렸나요? 같은 색깔 점끼리 줄로 잇고, 글자를 따라 쓰세요.

그 | 물

13

꾀부리는 당나귀

당나귀가 주인과 함께 장으로 가요.
등에는 무거운 소금 자루를 싣고 있었어요.
시냇물을 건널 때였어요.
당나귀가 발을 헛디뎌
그만 넘어지고 말았어요.

1 당나귀는 등에 무엇을 싣고 있었나요? 알맞은 것에 ◯ 하세요.

나무 조각   소금

2 시냇물을 건널 때 당나귀가 어떻게 되었는지 말해 보세요. 또 붙임 딱지를 붙여 확인하세요.

14

아름다운 까마귀

여우가 고깃덩이를 입에 문 까마귀를 보았어요.
고깃덩이가 탐이 난 여우는 까마귀에게 말했어요.
"까마귀님은 정말 아름다우세요.
목소리도 아름다운지
노래를 한번 들어 보고 싶어요."
여우의 말에 우쭐해진 까마귀는
신 나게 노래를 불렀어요.
그러자 입에 문 고깃덩이가 뚝 떨어졌어요.

1 누가 까마귀의 노래를 듣고 싶다고 말했나요? 알맞은 동물을 골라 색칠하세요.

토끼

여우

2 까마귀가 노래를 부르자 무슨 일이 일어났는지 말해 보세요. 또 선대로 접어 확인하세요.

배를 부풀렸어요.

―― 오리는 선   - - - 안으로 접는 선

15

"셋째 개구리를 밟은 황소를 혼내 주어야겠다."
화가 난 엄마의 말에 첫째 개구리가 말했어요.
"엄마, 황소는 아주 크던걸요."
그러자 엄마 개구리가
배를 한껏 부풀리며 말했어요.
"이만큼 크더냐?"

1 누가 셋째 개구리를 밟았나요? 알맞은 동물에 ⭕ 하세요.

돼지

황소

2 황소가 크다는 말에 엄마 개구리가 어떻게 했는지 말해 보세요. 또 선대로 접어 확인하세요.

고깃덩이가 뚝 떨어졌어요.

16

토끼와 거북

참 잘했어요!

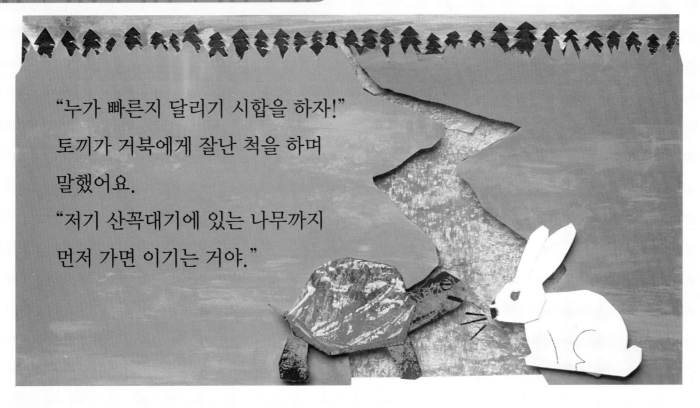

"누가 빠른지 달리기 시합을 하자!"
토끼가 거북에게 잘난 척을 하며
말했어요.
"저기 산꼭대기에 있는 나무까지
먼저 가면 이기는 거야."

---

1 토끼는 거북에게 무엇을 하자고 말했나요? 알맞은 것에 ⭕ 하세요.

높이뛰기 시합

달리기 시합

---

2 어디까지 먼저 가면 이기나요? 알맞은 것에 ⭕ 하고, 글자를 따라 쓰세요.

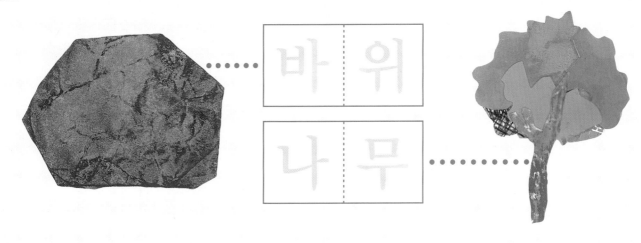

바위

나무

17

큰 소리로 글을 읽고, 물음에 답하세요.

'쳇, 주인은 당나귀만 맛있는 것을 주는군.'
샘이 난 염소는 당나귀를 골탕 먹이기로 하고,
당나귀에게 말했어요.
"당나귀야, 일부러 넘어져 다리를 다쳐 봐.
그럼, 주인이 일을 안 시킬 거야."

1 염소는 누구를 골탕 먹이기로 했나요? 알맞은 것에 ◯ 하세요.

주인

당나귀

2 염소는 당나귀에게 어떻게 하라고 말했나요? 알맞은 것에 붙임 딱지를 붙이세요.

일부러 넘어져 다리를 다쳐 봐.

주인이 올 때 숨어 있어.

고양이 목에 방울 달기

큰 소리로 글을 읽고, 물음에 답하세요.

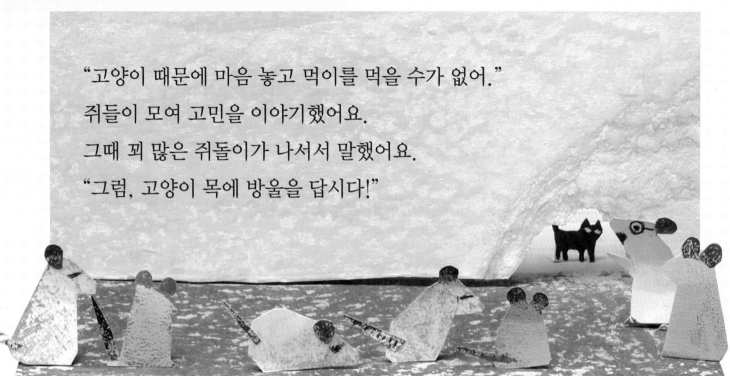

"고양이 때문에 마음 놓고 먹이를 먹을 수가 없어."
쥐들이 모여 고민을 이야기했어요.
그때 꾀 많은 쥐돌이가 나서서 말했어요.
"그럼, 고양이 목에 방울을 답시다!"

1 쥐들의 고민은 무엇이었나요? 알맞은 것에 ◯ 하세요.

고양이 때문에 마음 놓고
먹이를 먹을 수가 없어.

고양이 때문에 마음 놓고
잠을 잘 수가 없어.

19

2

세계 명작

세계 여러 나라 어린이들이 즐겨 읽는
재미있고 이름난 이야기예요.

참 잘했어요!

신데렐라야,
힘내!

난 어떤 동물로도
변할 수 있어.

내 배에서
달그락
소리가 나.

꼬마야, 또 날 창피
주려고 하는 거야?

공주는 지금
잠들어 있지.

개구리 왕자

참 잘했어요!

황금 공이 우물에 빠지자
공주는 엉엉 울었어요.
그때였어요.
우물에서 개구리가
폴짝 뛰어나와 말했어요.
"황금 공을 꺼내 주면 나랑 친구 할래요?"

1 황금 공이 어디에 빠졌나요? 알맞은 것에 ◯ 하세요.

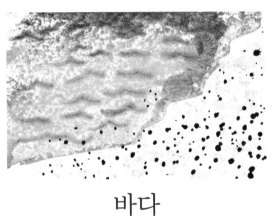
바다

우물

2 우물에서 누가 폴짝 뛰어나왔나요? 알맞은 것을 골라 색칠하세요.

개구리

물고기

22

백설 공주

큰 소리로 글을 읽고, 물음에 답하세요.

참 잘했어요!

왕비는 사과 장수로 꾸미고
백설 공주를 찾아갔어요.
"예쁜 아가씨, 사과 좀 먹어 보세요."
왕비는 백설 공주에게 독 사과를 주었어요.
독 사과를 먹은 백설 공주는 쓰러져 잠이 들었어요.

1 누가 백설 공주를 찾아갔나요? 알맞은 사람에 ⭕ 하세요.

일곱 난쟁이

왕비

2 왕비는 백설 공주에게 무엇을 주었나요? 왕비의 손 위에 그리세요.

23

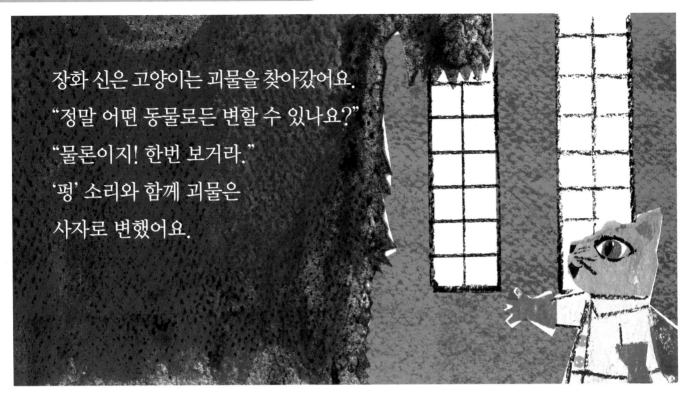

장화 신은 고양이는 괴물을 찾아갔어요.
"정말 어떤 동물로든 변할 수 있나요?"
"물론이지! 한번 보거라."
'펑' 소리와 함께 괴물은
사자로 변했어요.

1 장화 신은 고양이는 누구를 찾아갔나요? 알맞은 것에 ○ 하세요.

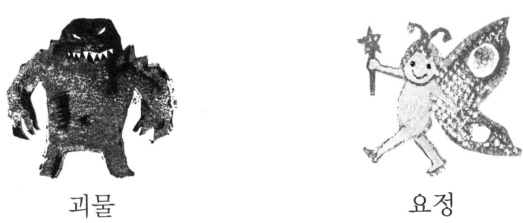

괴물   요정

2 괴물은 무엇으로 변했나요? 알맞은 동물에 ○ 하고, 글자를 따라 쓰세요.

사 자

오 리

신데렐라

참 잘했어요!

신데렐라는 무도회에 가고 싶었어요.
"신데렐라야, 내가 도와줄게."
어디선가 요정이 나타났어요.
요정은 마술 지팡이를 흔들었어요.
그러자 호박은 마차로,
생쥐는 마부로 바뀌었어요.

1 누가 신데렐라를 도와주었나요? 알맞은 것에 ◯ 하세요.

마녀   요정

2 요정은 호박을 무엇으로 바꾸었나요? 알맞은 붙임 딱지를 붙이세요.

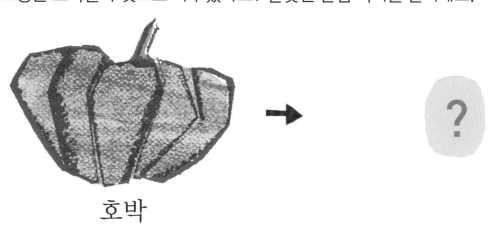

호박   →   ?

25

잠자는 숲 속의 공주

큰 소리로 글을 읽고, 물음에 답하세요.

"할머니, 제가 물레를 돌려 봐도 될까요?"
공주가 묻자 할머니가 고개를 끄덕였어요.
공주는 신기한 듯 물레를 돌렸어요.
그러다 그만 물레에 손가락이 찔려
깊은 잠에 빠졌어요.

1 공주는 무엇을 돌렸나요? 알맞은 것에 ⭕ 하세요.

우산   물레

2 물레에 손가락이 찔린 공주는 어떻게 되었나요? 알맞은 것에 붙임 딱지를 붙이세요.

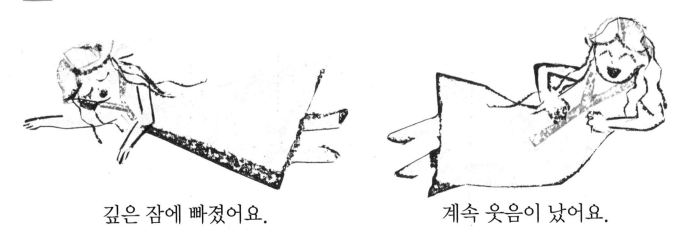

깊은 잠에 빠졌어요.   계속 웃음이 났어요.

26

아기 돼지 삼 형제

큰 소리로 글을 읽고, 물음에 답하세요.

"아기 돼지야, 문 좀 열어 줄래?"
늑대가 아기 돼지에게 말했어요.
"안 돼. 우리를 잡아먹으려고
그러지?"
화가 난 늑대는 지붕 위로
올라갔어요.

1 늑대는 누구에게 문을 열어 달라고 말했나요? 알맞은 동물에 ◯ 하세요.

아기 염소

아기 돼지

2 화가 난 늑대는 어디로 올라갔나요? 점선을 따라 그리고, 말해 보세요.

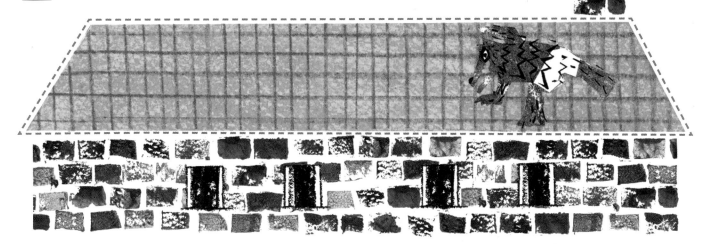

큰 소리로 글을 읽고, 물음에 답하세요.

참 잘했어요!

사냥꾼은 잠든 늑대의 배 속에서
빨간 모자와 할머니를 구해 주었어요.
세 사람은 늑대가 깨기 전에 얼른
돌멩이를 배 속에 넣고 꿰맸어요.

1 누가 빨간 모자와 할머니를 구해 주었나요? 알맞은 사람에 ◯ 하세요.

나무꾼   사냥꾼

2 세 사람은 늑대의 배 속에 무엇을 넣었나요? 붙임 딱지를 붙이고, 말해 보세요.

임금님은 벌거벗은 채 거리를 행진했어요.
하지만 아무도 임금님이 벌거벗었다는
것을 말하지 못했어요.
그때 한 꼬마가 임금님을 향해 외쳤어요.
"하하하! 임금님은 벌거숭이다!"

1 임금님은 어떤 모습으로 거리를 행진했나요? 알맞은 것에 ⭕ 하세요.

멋진 옷을 입고 행진했어요.

벌거벗은 채 행진했어요.

2 누가 임금님은 벌거숭이라고 외쳤나요? 알맞은 사람에 붙임 딱지를 붙이세요.

신하

꼬마

29

3 우리 옛이야기

옛날부터 우리나라에서 전해
내려오는 흥미로운 이야기예요.

난 손이 커서
이 정도는 문제없어.

누구를
내 사위로 삼지?

국밥 냄새가
참 구수하군.

참 잘했어요!

냄새 맡은 값

참 잘했어요!

국밥 집에서 냄새가
솔솔 풍겼어요.
최 서방은 쿵쿵대며
국밥 냄새를 맡았어요.
그러자 구두쇠 영감이 나와 말했어요.
"여보게, 국밥 냄새를 맡았으면
돈을 내야지."

---

1 최 서방은 무슨 냄새를 맡았나요? 알맞은 것에 ⭕ 하세요.

방귀 냄새

국밥 냄새

2 누가 최 서방에게 돈을 내라고 했나요? 알맞은 사람에 붙임 딱지를 붙이세요.

구두쇠 영감

혹부리 영감

빨간 부채, 파란 부채

참 잘했어요!

욕심쟁이 할아버지는
빨간 부채를 부쳤어요.
그러자 코가 쑥쑥 길어졌어요.
길어진 코는
지붕을 뚫고,
구름을 뚫고,
하늘 높이높이 올라갔지요.

1 욕심쟁이 할아버지의 코는 얼마나 길어졌나요? 이야기에 알맞게 그려 보세요.

33

금도끼 은도끼

나무꾼의 도끼가 연못에 풍덩 빠졌어요.
도끼를 잃은 나무꾼은
슬퍼서 엉엉 울었지요.
그때 갑자기 연못에서
산신령이 나타나 물었어요.
"무슨 일로 그리 울고 있느냐?"

1 나무꾼은 연못에 무엇을 빠뜨렸나요? 알맞은 것을 골라 색칠하세요.

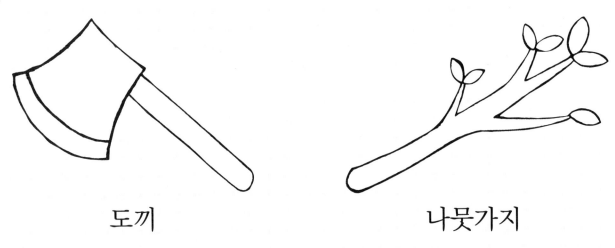

도끼   나뭇가지

2 연못에서 누가 나타났나요? 알맞은 것에 붙임 딱지를 붙이세요.

선녀

산신령

34

금 구슬을 주운 형제

참 잘했어요!

형과 아우가 잔칫집을 다녀오는 길이었어요.
강을 건너려는데 물속에서 반짝이는
금 구슬 두 개가 보였어요.
형과 아우는 금 구슬을 하나씩
나누어 가졌어요.

1 형과 아우는 어디를 다녀오는 길이었나요? 알맞은 것에 ⬭ 하세요.

떡집

잔칫집

2 형과 아우가 물속에서 무엇을 보았는지 말해 보세요. 또 선대로 접어 확인하세요.

구름

―― 오리는 선   - - - 안으로 접는 선

35

사윗감을 찾아 나선 두더지

큰 소리로 글을 읽고, 물음에 답하세요.

참 잘했어요!

"해님, 내 사위가 되어 주시오!
난 가장 힘센 사위를 찾고 있다오."
두더지의 말에 해님이 말했어요.
"구름이 날 가리면 난 꼼짝도 못해.
그러니 구름이 나보다 더 세지."

1 두더지는 누구에게 사위가 되어 달라고 말했나요? 알맞은 것을 골라 색칠하세요.

해님

별님

2 해님은 누가 더 힘이 세다고 했는지 말해 보세요. 또 선대로 접어 확인하세요.

금 구슬

- - - 안으로 접는 선

36

혹부리 영감

큰 소리로 글을 읽고, 물음에 답하세요.

혹부리 영감의 노래를 듣고
도깨비들이 왔어요.
"오호! 노래 솜씨가 기막히네."
도깨비들은 혹부리 영감의 혹을 보며 말했어요.
"영감의 노래는 그 혹에서 나오는 거지?"

1 혹부리 영감의 노래를 듣고 누가 왔나요? 알맞은 것에 ⭕ 하세요.

선녀

도깨비

2 도깨비들은 어디에서 노래가 나온다고 말했나요? 알맞은 것에 붙임 딱지를 붙이세요.

수염

혹

37

방귀 시합

"누구 방귀가 더 센지 겨루어 봅시다!"
두 방귀쟁이는 방귀 시합을 하기로 했어요.
'뽕.'
윗마을 방귀쟁이가 방귀를 뀌었어요.
그러자 절구통이
슝 날아갔어요.

1 두 방귀쟁이는 무슨 시합을 하기로 했나요? 알맞은 것에 ◯ 하세요.

방귀 시합

가위바위보 시합

2 윗마을 방귀쟁이가 방귀를 뀌자 무엇이 날아갔나요? 알맞은 것을 골라 색칠하세요.

절구통

항아리

38

재주꾼 오 형제

큰손이가 길을 가는데
쌩쌩 바람이 불었어요.
바람을 따라간 큰손이는
낮잠을 자는 콧김이를 보았어요.
콧김이의 코에서 콧김이 쌩쌩 불자
나무들이 휘청거렸어요.

1 무엇 때문에 나무들이 휘청거렸나요? 이야기에 알맞게 그려 보세요.

39

4

세계 옛이야기

옛날부터 세계 여러 나라에서 전해
내려오는 흥미로운 이야기예요.

이게 무슨
동전일까?

나는 눈 아이예요.

아무도 잡지 못하게
멀리 도망가야지.

어서 램프를 찾으러
가야 하는데…….

알라딘의 요술 램프

"동굴로 들어가서 램프를 가져오너라."
알라딘은 무서워서 벌벌 떨었어요.
그러자 마법사가 반지를 주며 말했어요.
"무슨 일이 있으면 이 반지를 문지르거라."

1 마법사는 램프를 어디에서 가져오라고 했나요? 알맞은 것에 ◯ 하세요.

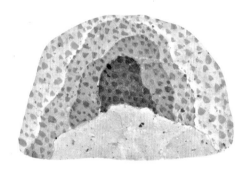

동굴

궁궐

2 마법사는 알라딘에게 무엇을 주었나요? 붙임 딱지를 붙이고, 말해 보세요.

42

생강 과자 아이

할머니와 할아버지가 오븐을 열었어요.
그러자 생강 과자 아이가 폴짝 뛰어나왔어요.
놀란 할아버지가 생강 과자 아이를 뒤쫓았어요.
그리고 할아버지 뒤를 할머니도 쫓아갔지요.

1 오븐 속에서 누가 뛰어나왔나요? 알맞은 것에 ◯ 하세요.

사자   생강 과자 아이

2 누가 생강 과자 아이를 쫓아갔는지 차례대로 알맞은 붙임 딱지를 붙이세요.

43

돌멩이 수프

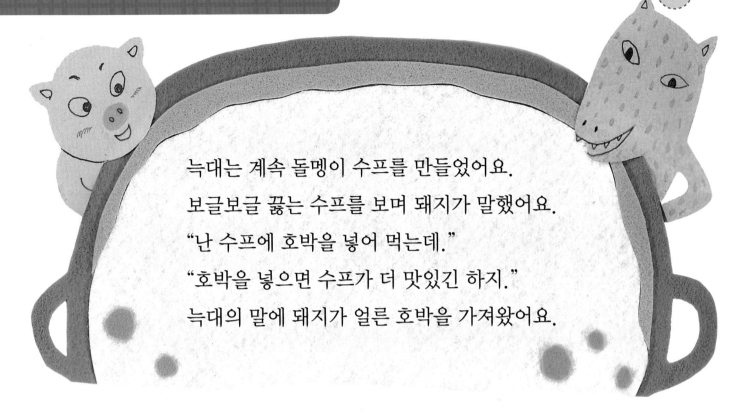

늘대는 계속 돌멩이 수프를 만들었어요.
보글보글 끓는 수프를 보며 돼지가 말했어요.
"난 수프에 호박을 넣어 먹는데."
"호박을 넣으면 수프가 더 맛있긴 하지."
늘대의 말에 돼지가 얼른 호박을 가져왔어요.

1 누가 돌멩이 수프를 만들고 있나요? 알맞은 동물에 ○ 하세요.

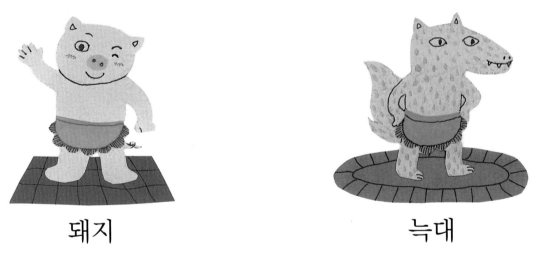

돼지　　　　　　늘대

2 돼지는 무엇을 가져왔나요? 알맞은 것에 붙임 딱지를 붙이세요.

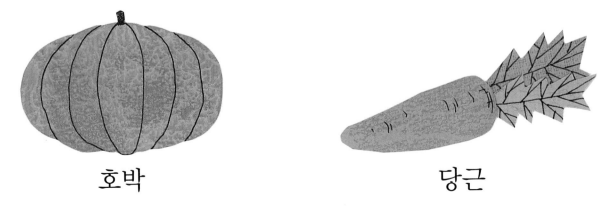

호박　　　　　　당근

44

금발 머리 소녀와 곰 세 마리

참 잘했어요!

금발 머리 소녀가 작은 오두막에 들어갔어요.
큰 의자, 폭신한 의자,
조그만 의자가 보였어요.
금발 머리 소녀는 조그만 의자에 앉았어요.
그러자 의자가 우지끈 부서져 버렸어요.

1 금발 머리 소녀는 어디에 들어갔나요? 알맞은 것에 ◯ 하세요.

커다란 궁전

작은 오두막

2 금발 머리 소녀는 어디에 앉았나요? 알맞은 것에 붙임 딱지를 붙이세요.

큰 의자

폭신한 의자

조그민 의자

45

달을 만지고 싶어

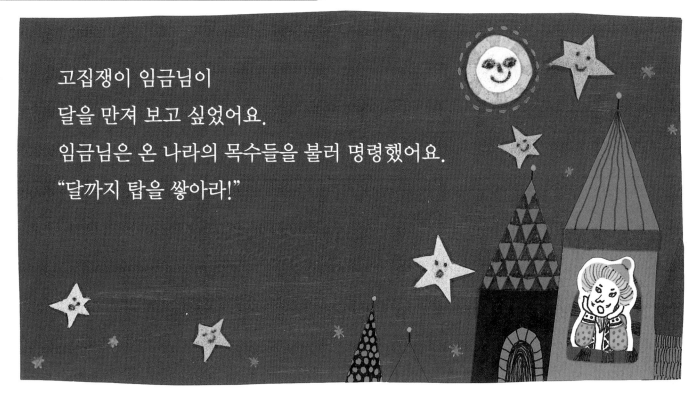

고집쟁이 임금님이
달을 만져 보고 싶었어요.
임금님은 온 나라의 목수들을 불러 명령했어요.
"달까지 탑을 쌓아라!"

1 임금님은 무엇을 만져 보고 싶어 했나요? 알맞은 것에 ◯ 하세요.

별

달

2 임금님은 목수들에게 뭐라고 명령했나요? 알맞은 것을 골라 색칠하세요.

달을 따 오너라!

달까지 탑을 쌓아라!

원숭이의 요술 동전

큰 소리로 글을 읽고, 물음에 답하세요.

참 잘했어요!

엄마 원숭이는 목숨을 구해 준
할아버지에게 요술 동전을 주었어요.
"이걸 항아리에 넣어 두세요."
집으로 돌아온 할아버지는
요술 동전을 항아리에 넣었어요.

1 엄마 원숭이는 할아버지에게 무엇을 주었나요? 알맞은 것에 ◯ 하세요.

요술 지팡이

요술 동전

2 할아버지는 요술 동전을 어디에 넣었나요? 알맞게 붙임 딱지를 붙이고, 글자를 따라 쓰세요.

주 머 니

항 아 리

47

마샤와 곰

큰 소리로 글을 읽고, 물음에 답하세요.

참 잘했어요!

"밖에 비가 오는지 봐 줄래요?"
마샤가 곰에게 말했어요.
마샤의 말에 곰은 성큼성큼
밖으로 나갔어요.
마샤는 재빨리 바구니 속으로 숨었어요.

1 마샤는 누구에게 말했나요? 알맞게 줄로 이으세요.

밖에 비가 오는지 봐 줄래요?

• 악어

• 곰

2 마샤는 어디에 숨었나요? 알맞은 것에 붙임 딱지를 붙이세요.

바구니

서랍

큰 소리로 글을 읽고, 물음에 답하세요.

할아버지와 할머니는 눈으로 아이를 만들었어요.
눈을 뭉쳐 머리와 몸통, 팔, 다리를 만들었어요.
그리고 나서 머리에는 스카프를 씌우고,
몸통에는 외투를 입혔지요.

1 할아버지와 할머니는 무엇으로 아이를 만들었나요? 알맞은 것에 ⭕ 하세요.

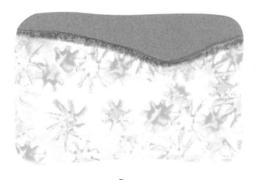

눈

찰흙

2 어디에 스카프를 씌우고, 외투를 입혔나요? 알맞게 붙임 딱지를 붙이세요.

5

창작 동화

어린이들이 재미있게 읽을 수 있도록
새롭게 지은 이야기예요.

동생이 생겼어요

참 잘했어요!

수아가 귀여운 동생을 돌보아요.
수아가 딸랑이를 주자 동생은 바라만 봐요.
이번에는 오리 인형을 주어요.
오리가 꽥꽥 울자 동생이 '앙' 울어요.

1 수아는 누구를 돌보고 있나요? 알맞은 사람에 ⭕ 하세요.

엄마

동생

2 수아는 동생에게 무엇을 주었나요? 알맞은 것을 골라 색칠하세요.

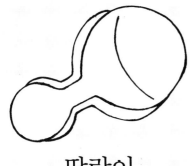

딸랑이

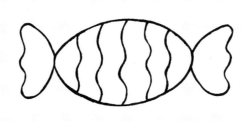

사탕

오리 인형

꼭꼭 숨어라!

큰 소리로 글을 읽고, 물음에 답하세요.

거미와 친구들이 숨바꼭질을 해요.
"가위바위보! 거미가 술래야."
나비는 팔랑팔랑 날아 꽃 뒤에 숨어요.
꿀벌은 윙윙 날아
잎사귀 뒤에 숨어요.

1 거미와 친구들이 무엇을 하고 있나요? 알맞은 것에 ◯ 하세요.

숨바꼭질

기차놀이

2 나비와 꿀벌은 어디에 숨었나요? 알맞게 붙임 딱지를 붙여 나비와 꿀벌을 숨겨 주세요.

53

큰 소리로 글을 읽고, 물음에 답하세요.

후닥닥!
고양이 한 마리가 도망을 가요.
얄미운 이웃집 고양이 네로예요.
오늘도 우리 집에서 생선을 물고 가요.
"거기 서!"

1 누가 도망을 가나요? 알맞은 동물에 ◯ 하세요.

강아지

고양이

2 네로가 무엇을 물고 가나요? 알맞은 것을 골라 색칠하세요.

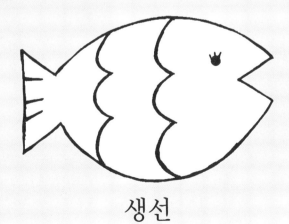

생선

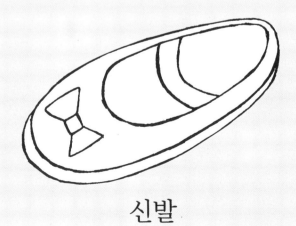

신발

우리 집을 찾아요

큰 소리로 글을 읽고, 물음에 답하세요.

아기 돌고래가 길을 잃었어요.
"문어 아저씨, 초록 바위를 아세요?
거기에 우리 집이 있어요."
문어 아저씨는 고개를 저었어요.

1 누가 길을 잃었나요? 알맞은 동물에 ○ 하세요.

아기 돌고래

문어 아저씨

2 아기 돌고래의 집은 어디에 있나요? 알맞은 것을 찾아 길을 따라가세요.

노란 바위

초록 바위

누가 더 셀까?

곰과 코끼리가 힘자랑을 해요.
곰은 바위를 번쩍 들어 올려요.
"봐! 힘세지?"
코끼리는 코로 나무를 쑥 뽑아요.
"아니, 내가 더 세."

1 곰과 코끼리는 무엇을 하고 있나요? 알맞은 것에 ◯ 하세요.

힘자랑

옷 자랑

노래자랑

56

유령 파티

큰 소리로 글을 읽고, 물음에 답하세요.

참 잘했어요!

으스스한 밤이 되었어요.
두 마녀가 모닥불을 피우고 노래를 불러요.
"우리는 키다리 마녀와 난쟁이 마녀.
밤이 되면 유령을 불러
파티를 열지."

1 누가 노래를 부르는지 모두 골라 ◯ 하세요.

난쟁이 마녀

유령

키다리 마녀

2 밤이 되면 마녀들은 무엇을 하나요? 알맞은 것에 붙임 딱지를 붙이세요.

유령을 불러 파티를 열어요.

불을 피우고 옷을 지어요.

57

여행을 가고 싶어

참 잘했어요!

"바람아, 나도 여행을 가고 싶어."
민들레씨가 바람에게 부탁해요.
'휙' 바람이 민들레씨를 날려 주어요.
민들레씨는 훨훨 날아가 종이배를 탔어요.

1 누가 여행을 가고 싶어 하나요? 알맞은 것에 ⭕ 하세요.

바람

민들레씨

2 민들레씨가 날아가 탄 것은 무엇인가요? 점선 따라 그리고, 글자를 따라 쓰세요.

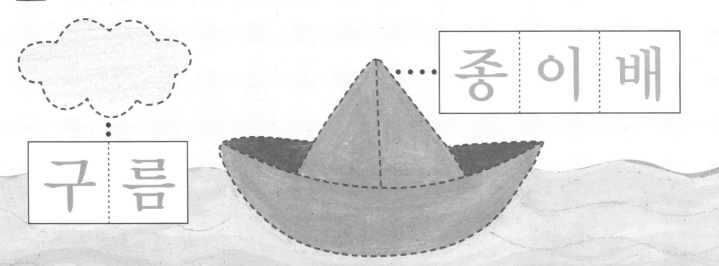

종이배

구름

누구야, 누구?

큰 소리로 글을 읽고, 물음에 답하세요.

참 잘했어요!

아기 꿀벌 윙윙이의 사과에 구멍이 났어요.
"누구야, 누구? 내 사과에 구멍을 낸 게?"
화가 난 윙윙이가 씩씩대고 있어요.
그러자 사과 구멍에서 애벌레가
쏙 얼굴을 내밀었어요.

1 무엇에 구멍이 났나요? 알맞은 것에 ◯ 하세요.

윙윙이의 사과

윙윙이의 귤

2 사과 구멍에서 누가 얼굴을 내밀었나요? 알맞은 동물을 골라 색칠하세요.

지렁이

애벌레

59

해답·부모 가이드

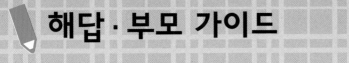

우화는 동물이나 사물이 주인공이 되어 펼치는 이야기로, 짧으면서도 재미있는 이야기 속에 삶의 지혜와 교훈을 담고 있습니다. 1장 우화 편에서는 여러 등장인물 가운데 주인공이 누구인지 파악하고, 주인공에게 벌어진 일을 통해 중심 사건이 무엇인지 정확히 이해하는 독해 연습을 합니다. 우선 이야기의 주요 장면이 담겨 있는 그림을 살펴보고, 큰 소리로 제시문을 읽습니다. 그런 다음 다양한 방식으로 독해 문제를 풀면서, 주인공을 포함한 여러 등장인물의 행동과 그들에게 벌어지는 사건을 확인하고 정리합니다.

★ 12쪽

개미가 물을 마시려다 연못에 빠지자, 비둘기가 나뭇잎을 던져 개미를 구하는 이야기입니다.

★ 13쪽

그물에 걸린 사자가 구해 달라고 외치자, 생쥐가 그물을 물어뜯어 사자를 구하는 이야기입니다.

★ 14쪽

소금 자루를 싣고 장으로 가던 당나귀가 시냇물을 건너다 발을 헛디뎌 넘어지는 이야기입니다.

★ 15쪽

까마귀가 여우의 꾀에 속아 넘어가 신 나게 노래를 부르다가 고깃덩이를 떨어뜨리는 이야기입니다.

★ 16쪽

셋째 개구리를 밟은 황소 이야기를 듣고 엄마 개구리가 황소에 대해 알아보는 이야기입니다.

★ 17쪽

토끼가 거북에게 산꼭대기에 있는 나무까지 누가 빨리 가는지 내기를 하자고 하는 이야기입니다.

★ 18쪽

염소가 주인이 당나귀에게만 맛있는 것을 주자 샘이 나 당나귀를 골탕 먹이려는 이야기입니다.

★ 19쪽

쥐들이 고양이 때문에 마음 놓고 먹이를 먹을 수 없자 고양이 목에 방울을 달려는 이야기입니다.

60

세계 명작은 세계 여러 나라 어린이들이 좋아하고 즐겨 읽는 유명한 이야기입니다. 2장 세계 명작 편에서는 주인공뿐만 아니라 주인공과 함께 이야기 속에 나타나는 등장인물을 살펴봅니다. 또 인물들 간에 벌어지는 사건에 초점을 맞추어 이야기가 어떻게 전개되는지 파악하는 독해 연습을 합니다. 우선 이야기의 주요 장면이 담겨 있는 그림을 살펴보고, 큰 소리로 제시문을 읽습니다. 그런 다음 다양한 방식으로 독해 문제를 풀면서, 주인공을 포함한 여러 등장인물의 행동과 그들에게 벌어지는 사건을 확인하고 정리합니다.

★ 22쪽

개구리가 공주 앞에 나타나 우물에 빠진 황금 공을 꺼내 주는 대신 친구를 하자는 이야기입니다.

★ 23쪽

왕비가 백설 공주에게 독 사과를 주고, 독 사과를 먹은 백설 공주가 깊은 잠에 빠지는 이야기입니다.

★ 24쪽

장화 신은 고양이가 괴물에게 동물로 변신할 수 있느냐고 묻자, 괴물이 사자로 변한 이야기입니다.

★ 25쪽

신데렐라가 무도회에 가고 싶어 하자 요정이 나타나 마술 지팡이로 도와주는 이야기입니다.

★ 26쪽

공주가 물레를 돌리다가 그만 물레에 손가락이 찔려서 깊은 잠에 빠지는 이야기입니다.

★ 27쪽

늑대가 아기 돼지들이 문을 열어 주지 않자 지붕 위에 올라가는 이야기입니다.

★ 28쪽

사냥꾼이 잠든 늑대의 배 속에서 빨간 모자와 할머니를 꺼내고 돌멩이를 넣은 이야기입니다.

★ 29쪽

꼬마가 벌거벗은 임금님을 보고 어른들은 아무 말도 못하는데 '벌거숭이'라 외치는 이야기입니다.

해답·부모 가이드

우리 옛이야기는 옛날부터 우리나라에서 전해 내려오는 흥미롭고 재미난 이야기입니다. 3장 우리 옛이야기 편에서는 주인공과 다른 등장인물이 이야기 속에서 어떻게 행동하며, 그로 인해 어떤 사건이 벌어지는지 파악합니다. 또 주인공이 가진 물건이 사건 속에서 어떤 역할을 하는지 살펴보는 독해 연습을 합니다. 우선 이야기의 주요 장면이 담겨 있는 그림을 살펴보고, 큰 소리로 제시문을 읽습니다. 그런 다음 다양한 방식으로 독해 문제를 풀면서, 주인공을 포함한 여러 등장인물의 행동과 그들에게 벌어지는 사건을 확인하고 정리합니다.

★ 32쪽

최 서방이 국밥 냄새를 맡자 구두쇠 영감이 나와서 냄새 맡은 값을 내라고 말하는 이야기입니다.

★ 33쪽

욕심쟁이 할아버지가 빨간 부채를 부치자 코가 점점 길어져 하늘 높이 올라가는 이야기입니다.

★ 34쪽

나무꾼이 도끼를 연못에 빠뜨려 울고 있자 연못에서 산신령이 나타나는 이야기입니다.

★ 35쪽

형과 아우가 잔칫집을 다녀오다 물속에서 금 구슬 두 개를 주운 이야기입니다.

★ 36쪽

가장 힘센 사위를 찾던 두더지가 해님에게 사위가 되어 달라고 하는 이야기입니다.

★ 37쪽

혹부리 영감이 노래를 부르자 도깨비들이 멋진 노랫소리를 듣고 찾아오는 이야기입니다.

★ 38쪽

두 방귀쟁이가 누구 방귀가 더 센지 겨루기 위해 방귀 시합을 벌이는 이야기입니다.

★ 39쪽

큰손이가 길을 가다 코에서 바람처럼 쌩쌩 부는 콧김을 불어 대는 콧김이를 만나는 이야기입니다.

세계 옛이야기는 옛날부터 세계 여러 나라에서 전해 내려오는 재미있는 이야기입니다. 4장 세계 옛이야기 편에서는 사건을 이끌어 나가는 등장인물이 누구인지 파악하고, 사건 속에 나타나는 사물이 무엇인지 살펴봅니다. 이를 통해 등장인물과 사물의 관계를 파악하는 독해 연습을 합니다. 우선 이야기의 주요 장면이 담겨 있는 그림을 살펴보고, 큰 소리로 제시문을 읽습니다. 그런 다음 다양한 방식으로 독해 문제를 풀면서, 주인공을 포함한 여러 등장인물의 행동과 그들에게 벌어지는 사건을 확인하고 정리합니다.

★ 42쪽

마법사가 알라딘에게 반지를 주며 동굴로 들어가서 램프를 가져오라고 하는 이야기입니다.

★ 43쪽

생강 과자 아이가 오븐 속에서 뛰어나오자, 할아버지와 할머니가 쫓아가는 이야기입니다.

★ 44쪽

늑대가 돌멩이 수프를 만들고 있는 것을 보고 돼지가 호박을 가져오는 이야기입니다.

★ 45쪽

금발 머리 소녀가 오두막에 들어가 조그만 의자에 앉으려다 의자를 부서뜨리는 이야기입니다.

★ 46쪽

고집쟁이 임금님이 달을 만져 보고 싶어 목수들에게 달까지 탑을 쌓으라고 명령하는 이야기입니다.

★ 47쪽

엄마 원숭이가 목숨을 구해 준 할아버지에게 요술 동전을 주는 이야기입니다.

★ 48쪽

마샤가 곰에게 밖에 비가 오는지 봐 달라며 내보내고 바구니에 숨는 이야기입니다.

★ 49쪽

할아버지와 할머니가 눈으로 아이를 만들어서 스카프를 씌우고 외투를 입히는 이야기입니다.

해답·부모 가이드

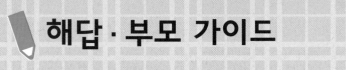

창작 동화는 어린이들에게 알맞은 소재와 주제를 바탕으로 새롭게 쓴 이야기입니다. 5장 창작 동화 편에서는 이야기 속에 나타나는 주인공과 다른 등장인물에 대해 파악하고, 그들에게 어떤 일이 벌어지는지 알아봅니다. 특히 사건이 벌어지는 장소에 초점을 맞추어 이야기의 배경을 파악하는 독해 연습을 합니다. 우선 이야기의 주요 장면이 담겨 있는 그림을 살펴보고, 큰 소리로 제시문을 읽습니다. 그런 다음 다양한 방식으로 독해 문제를 풀면서, 주인공을 포함한 여러 등장인물의 행동과 그들에게 벌어지는 사건을 확인하고 정리합니다.

★ 52쪽

수아가 귀여운 동생에게 딸랑이도 주고 오리 인형도 주면서 잘 보살펴 주려는 이야기입니다.

★ 53쪽

거미와 나비, 꿀벌이 아름다운 들판에서 재미있게 숨바꼭질을 하며 노는 이야기입니다.

★ 54쪽

얄미운 이웃집 고양이 네로가 우리 집에서 몰래 생선을 물고 도망가는 이야기입니다.

★ 55쪽

길을 잃은 아기 돌고래가 초록 바위에 있는 집을 찾으려 문어 아저씨에게 길을 묻는 이야기입니다.

★ 56쪽

곰이 바위를 들어 올리고, 코끼리가 나무를 뽑으면서 힘자랑을 하는 이야기입니다.

★ 57쪽

키다리 마녀와 난쟁이 마녀가 모닥불을 피우고 유령 파티를 여는 이야기입니다.

★ 58쪽

민들레씨가 여행을 가고 싶어 하자 바람이 민들레씨를 날려 주는 이야기입니다.

★ 59쪽

아기 꿀벌 윙윙이의 사과에 난 구멍에서 애벌레가 나오는 이야기입니다.

64

1단계 2 이야기글

되짚어 보기

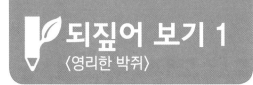
큰 소리로 글을 읽고, 물음에 답하세요.

날기 연습을 하던 박쥐가 땅에 쿵 떨어졌어요.

박쥐는 배고픈 두더지에게 잡히고 말았어요.

"난 잘난 척하며 하늘을 나는 새가 싫어."

두더지의 말에 박쥐가 말했어요.

"두더지님, 저는 이빨과 귀가 있는 쥐예요."

1 박쥐는 누구에게 잡혔나요? 알맞은 동물에 ◯ 하세요.

다람쥐

두더지

2 박쥐는 두더지에게 뭐라고 말했나요? 알맞은 것을 골라 색칠하세요.

저는 하늘을
나는 새예요.

저는 이빨과
귀가 있는
쥐예요.

66

참 잘했어요!

"늙은 당나귀를 당장 팔아 버려야겠어."
주인의 말을 듣고
당나귀는 생각했어요.
'이렇게 죽고 싶지는 않아.
브레멘으로 가서
음악대를 만들겠어.'

1 주인은 무엇을 팔아 버리려고 했나요? 알맞은 동물을 골라 색칠하세요.

늙은 당나귀

늙은 염소

2 주인의 말을 듣고, 당나귀는 무슨 생각을 했나요? 알맞은 것에 ◯ 하세요.

브레멘으로 가서 음악대를 만들겠어.

브레멘으로 가서 편히 쉬어야지.

되짚어 보기 3
〈반쪽이〉

큰 소리로 글을 읽고, 물음에 답하세요.

참 잘했어요!

반쪽이는 과거를 보러 가는
형들을 따라갔어요.
형들은 반쪽이가 창피해서
나무에 꽁꽁 묶어 두고
가 버렸어요.

---

1 반쪽이는 누구를 따라갔나요? 알맞은 사람에 ⭕ 하세요.

친구들

형들

---

2 형들은 반쪽이를 어떻게 했나요? 알맞은 것에 ⭕ 하세요.

바위에 꽁꽁 묶어 두었어요.

나무에 꽁꽁 묶어 두었어요.

큰 소리로 글을 읽고, 물음에 답하세요.

참 잘했어요!

키라가 닭장에 가니 크고 시끄러운 달걀과
작고 조용한 달걀이 있었어요.
키라는 할머니의 말대로 조용한 달걀을
세 개 가져왔어요.

1 키라는 어디에 갔나요? 알맞은 것에 ◯ 하세요.

옷장

닭장

2 키라는 무엇을 가져왔나요? 알맞은 것에 ◯ 하세요.

시끄러운 달걀 세 개

조용한 달걀 세 개

큰 소리로 글을 읽고, 물음에 답하세요.

"에취."
덜렁이 아기 곰이 재채기를 했어요.
그러자 컵에 든 주스가 쏟아져
멋쟁이 아기 토끼의 치마가
더러워졌어요.

1 누가 재채기를 했나요? 알맞은 동물에 ⭕ 하세요.

아기 곰

아기 여우

2 아기 토끼의 치마에 무엇이 쏟아졌나요? 알맞은 것에 ⭕ 하세요.

주스

수프

70

★ 되짚어 보기 1

날기 연습을 하던 박쥐가 땅에 떨어져 두더지에게 잡히는 이야기입니다. 박쥐가 누구에게 잡혔는지, 박쥐가 두더지에게 뭐라고 말했는지 알아보면서 이야기 속 등장인물과 사건을 통해 세부 내용을 파악하는 독해 활동을 합니다.

★ 되짚어 보기 2

주인이 팔아 버리려 하자 늙은 당나귀가 브레멘으로 가 음악대를 만들겠다고 결심한 이야기입니다. 주인이 무엇을 팔려고 했는지, 주인의 말에 늙은 당나귀가 어떤 생각을 했는지 알아보면서 이야기의 중심 사건과 세부 내용을 파악하는 독해 활동을 합니다.

★ 되짚어 보기 3

반쪽이가 과거를 보러 가는 형들을 따라가자 형들이 반쪽이를 창피하게 여겨 나무에 꽁꽁 묶은 이야기입니다. 반쪽이가 누구를 따라갔는지, 형들은 반쪽이를 어떻게 했는지 알아보면서 등장인물과 중심 사건을 파악하는 독해 활동을 합니다.

★ 되짚어 보기 4

키라가 시끄러운 달걀과 조용한 달걀이 있는 닭장에서 조용한 달걀을 가져오는 이야기입니다. 키라가 어디에 갔는지, 그곳에서 무엇을 가져왔는지 알아보면서 이야기의 배경과 중심 사건을 파악하는 독해 활동을 합니다.

★ 되짚어 보기 5

덜렁이 아기 곰이 재채기를 하는 바람에 주스가 쏟아져 멋쟁이 아기 토끼의 치마가 더러워지는 이야기입니다. 누가 재채기를 했는지, 아기 토끼의 치마에 무엇이 쏟아졌는지 알아보면서 등장인물과 중심 사건을 파악하는 독해 활동을 합니다.